APRENDER CON DESTREZA

LA METODOLOGÍA TBL APLICADA AL ÁREA DE RELIGIÓN CATÓLICA

Ángel Muñoz Álvarez
M.ª Dolores Ballesta García
M.ª del Socorro Fuentes Prieto

AF193466

Cuaderno de trabajo

ESO

Josefinas-Trinitarias

sm

P P C

Equipo redactor
Ángel Muñoz Álvarez, M.ª Dolores Ballesta García
y M.ª del Socorro Fuentes Prieto

Edición
Carmen Picó Guzmán y Julio S. Johnson

Diseño de interiores y maquetación
Eugenia Pannaría Molina

Diseño de cubierta
Estudio SM

Fotografía
Juan Baraja, Montse Fontich, Sergio Cuesta /Archivo SM; Album; CONTACTO; iStock;
Shutterstock; Thinkstock ; © 2000-2019 The Metropolitan Museum of Art (MET);
Archivo SM

© 2024, PPC, Editorial y Distribuidora, S.A.
   Parque Empresarial Prado del Espino
   Impresores, 2
   28660 Boadilla del Monte (Madrid)
   ppcedit@ppc-editorial.com
   www.ppc-editorial.es

ISBN: 978-84-288-4135-1
Depósito legal: M-4342-2024

Impreso en España/ *Printed in Spain*

¿PARA QUÉ SIRVE ESTE CUADERNO?

Este cuaderno está diseñado especialmente para ayudarte a pensar y, más importante aún, a reflexionar sobre cómo aprendes. A lo largo de cinco lecciones, explorarás diversas habilidades que te permitirán profundizar en los temas de la asignatura de Religión. Siempre contarás con la orientación de tu profesor o profesora. Y para ello, utilizamos un método llamado "Aprendizaje basado en el pensamiento" (TBL), una estrategia educativa desarrollada por Robert Swartz. Este enfoque te ofrecerá maneras interesantes y entretenidas de abordar los contenidos de esta materia. ¡Prepárate para un viaje educativo, estimulante y reflexivo!

¡ATRÉVETE A EXPLORAR OTRAS FORMAS DE PENSAR PARA APRENDER!

¿CÓMO VAMOS A APRENDER EN CADA MOMENTO?

1. Comenzamos

Una introducción que varía en cada lección, pero que te sumergirá en el enfoque y conocimiento de la destreza que emplearás para a descubrir y practicar una nueva forma de pensar y aprender.

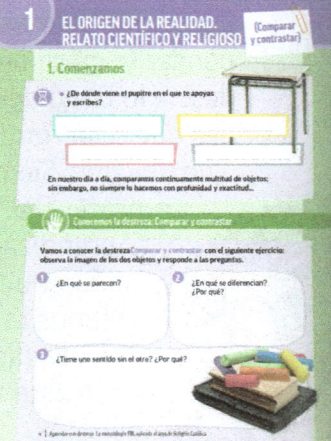

2. Desarrollamos

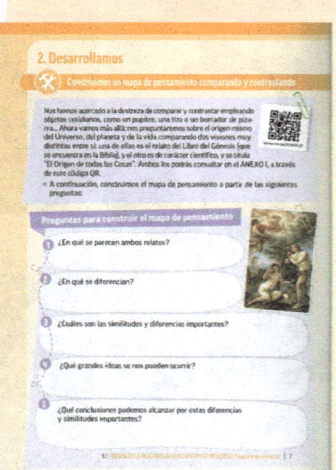

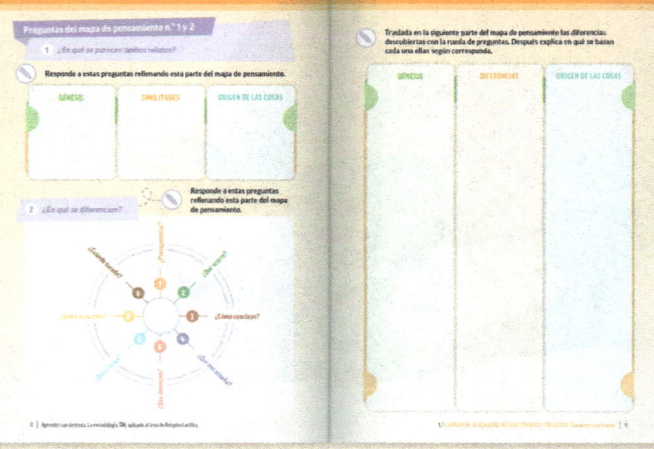

A través de diversas preguntas, tu proceso de aprendizaje se dirigirá hacia la meta: aprender un nuevo contenido y utilizar un método diferente de pensamiento mediante el sistema del "mapa de pensamiento", el cual tendrá distintas formas que te invitarán a activar y poner en marcha tu cerebro.

En cada lección se exploran diversos temas relacionados con la asignatura de Religión; y en cada una de ellas se pretende practicar una destreza o estrategia de pensamiento. A veces trabajarás de manera individual y otras en grupo, pero siempre con la finalidad de crear un "mapa de pensamiento" que te guiará en cada etapa de tu aprendizaje y que reflejará todo el proceso de tu aprendizaje. Para ello serán necesarios tres momentos que vienen definidos como:

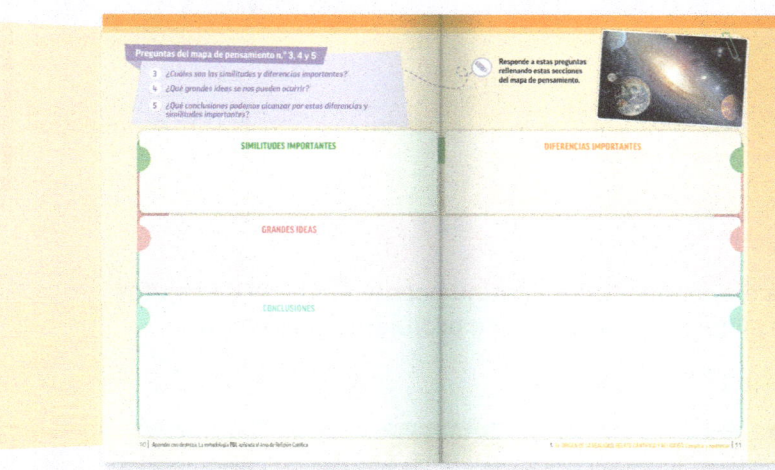

3. Evaluamos

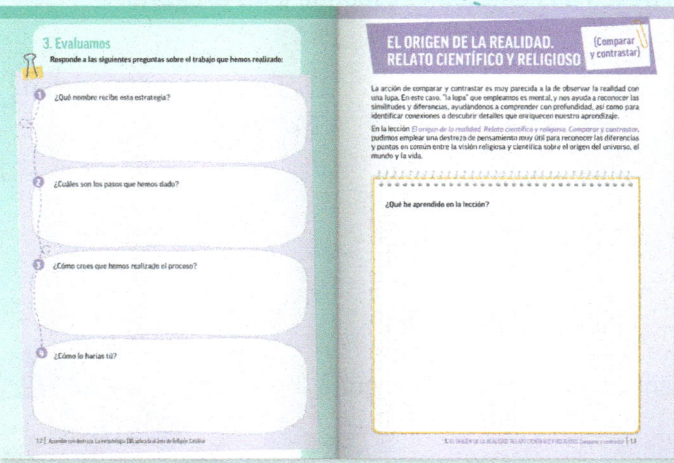

Al final de cada lección, tendrás la oportunidad de "poner nota" a lo que has aprendido y cómo lo has hecho. Las preguntas te orientarán. ¿Quieres entrenar y expandir tus habilidades de pensamiento?

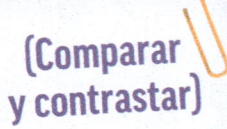
(Comparar y contrastar)

1. Comenzamos

- ¿De dónde viene el pupitre en el que te apoyas y escribes?

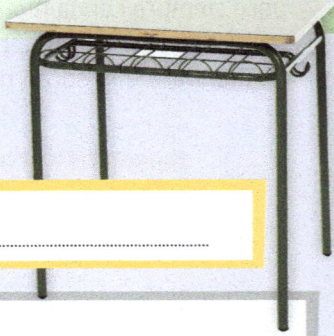

En nuestro día a día, comparamos contínuamente multitud de objetos; sin embargo, no siempre lo hacemos con profunidad y exactitud...

Conocemos la destreza: Comparar y contrastar

Vamos a conocer la destreza Comparar y contrastar con el siguiente ejercicio: observa la imagen de los dos objetos y responde a las preguntas.

1 ¿En qué se parecen?

2 ¿En qué se diferencian? ¿Por qué?

3 ¿Tiene uno sentido sin el otro? ¿Por qué?

2. Desarrollamos

 **Construimos un mapa de pensamiento comparando y contrastando**

Nos hemos acercado a la destreza de comparar y contrastar empleando objetos cotidianos, como un pupitre, una tiza o un borrador de pizarra... Ahora vamos más allá: nos preguntaremos sobre el origen mismo del Universo, del planeta y de la vida comparando dos visiones muy distintas entre sí: una de ellas es el relato del Libro del Génesis (que se encuentra en la Biblia), y el otro es de carácter científico, y se titula "El Origen de todas las Cosas". Ambos los podrás consultar en el ANEXO I, a través de este código QR.

www.e-sm.net/205579_01

● A continuación, construimos el mapa de pensamiento a partir de las siguientes preguntas:

Preguntas para construir el mapa de pensamiento

1 ¿En qué se parecen ambos relatos?

2 ¿En qué se diferencian?

3 ¿Cuáles son las similitudes y diferencias importantes?

4 ¿Qué grandes ideas se nos pueden ocurrir?

5 ¿Qué conclusiones podemos alcanzar por estas diferencias y similitudes importantes?

Preguntas del mapa de pensamiento n.º 1 y 2

1 ¿En qué se parecen ambos relatos?

 Responde a estas preguntas rellenando esta parte del mapa de pensamiento.

GÉNESIS	SIMILITUDES	ORIGEN DE LAS COSAS

 **Responde a estas preguntas rellenando esta parte del mapa de pensamiento.**

2 ¿En qué se diferencian?

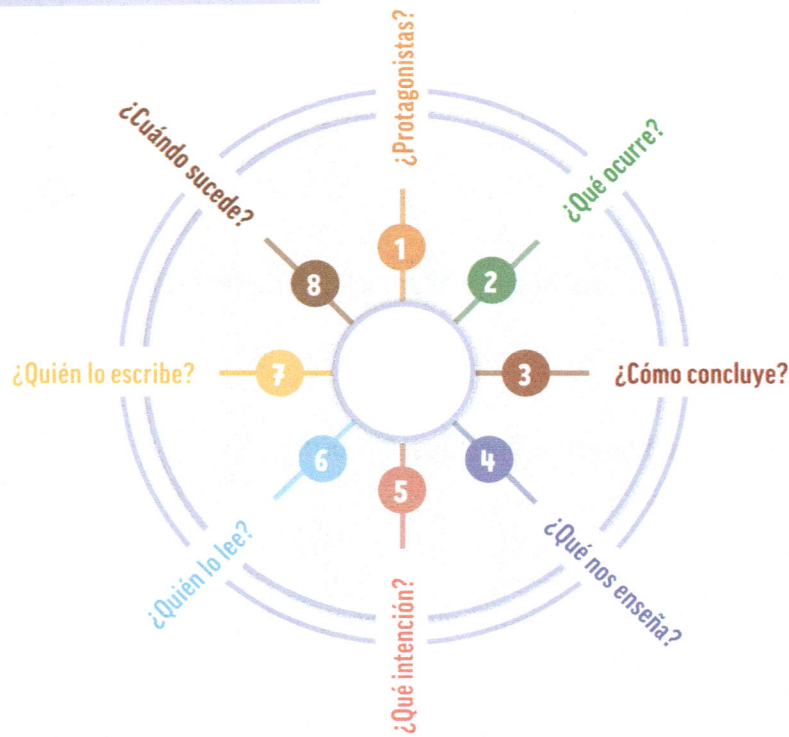

¿Protagonistas?
¿Qué ocurre?
¿Cuándo sucede?
1
2
8
3
¿Quién lo escribe? 7 ¿Cómo concluye?
6 4
5
¿Quién lo lee?
¿Qué nos enseña?
¿Qué intención?

Traslada en la siguiente parte del mapa de pensamiento las diferencias descubiertas con la rueda de preguntas. Después explica en qué se basan cada una ellas según corresponda.

GÉNESIS	DIFERENCIAS	ORIGEN DE LAS COSAS

3 ¿Cuáles son las similitudes y diferencias importantes?

4 ¿Qué grandes ideas se nos pueden ocurrir?

5 ¿Qué conclusiones podemos alcanzar por estas diferencias y similitudes importantes?

SIMILITUDES IMPORTANTES

GRANDES IDEAS

CONCLUSIONES

Responde a estas preguntas rellenando estas secciones del mapa de pensamiento.

DIFERENCIAS IMPORTANTES

3. Evaluamos

Responde a las siguientes preguntas sobre el trabajo que hemos realizado:

1 ¿Qué nombre recibe esta estrategia?

2 ¿Cuáles son los pasos que hemos dado?

3 ¿Cómo crees que hemos realizado el proceso?

4 ¿Cómo lo harías tú?

EL ORIGEN DE LA REALIDAD. RELATO CIENTÍFICO Y RELIGIOSO

(Comparar y contrastar)

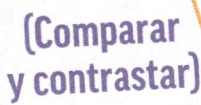

La acción de comparar y contrastar es muy parecida a la de observar la realidad con una lupa. En este caso, "la lupa" que empleamos es mental, y nos ayuda a reconocer las similitudes y diferencias, ayudándonos a comprender con profundidad, así como para identificar conexiones o descubrir detalles que enriquecen nuestro aprendizaje.

En la lección *El origen de la realidad. Relato científico y religioso. Comparar y contrastar*, pudimos emplear una destreza de pensamiento muy útil para reconocer las diferencias y puntos en común entre la visión religiosa y científica sobre el origen del universo, el mundo y la vida.

¿Qué he aprendido en la lección?

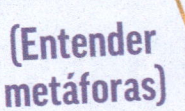

1. Comenzamos

Nos guste o no, el mal está presente en nuestro mundo y la lucha contra él ha despertado la reflexión de pensadores y filósofos en la historia. El mal tiene muchas expresiones, pero siempre causa lo mismo: dolor, tristeza y separación.

- A través del código QR, observa las imágenes del ANEXO I y responde: ¿por qué estos personajes representan el mal?

www.e-sm.net/205579_02

Conocemos la destreza: Entender metáforas

Con el objetivo de conocer la destreza **Entender metáforas**, veremos el tráiler del videojuego *Sundered* (a través del código QR), en el cual podremos observar que el mal se manifiesta de muchas formas.

www.e-sm.net/222173_01

1 ¿Cómo se representa el mal en *Sundered*?

2 ¿Y el bien?

3 ¿Qué características comunes comparte el mal de *Sundered* con el de nuestro mundo?

4 ¿Qué características sobre el mal trata de representar la ciudad en ruinas?

2. Desarrollamos

 **Construimos un mapa de pensamiento entendiendo metáforas**

Todo lo que podemos encontrar en el mundo de Sundered es una metáfora del mal; lo demuestran tanto sus características como los seres que lo habitan: una ciudad en ruinas, monstruos gigantes cuya intención es destruir al protagonista...

www.e-sm.net/205579_02

Nos hemos acercado al mundo de un videojuego en el que el caos y la destrucción son constantes. Sabemos que el mal está presente en estos dos ejemplos, pero: ¿qué es el mal? ¿Qué podemos decir y reconocer de él?

Sirviéndonos del ANEXO IV (disponible en este código QR), trataremos de responder construyendo el mapa de pensamiento a partir de las siguientes preguntas:

Preguntas para construir el mapa de pensamiento

1 ¿Cuál es la metáfora?

2 ¿Cuál es el objeto de la metáfora?

3 ¿Qué características describen a la metáfora?

4 ¿Qué características describen al objeto de la metáfora?

5 ¿Qué características del objeto y la metáfora son similares?

6 Basándonos en las características que coinciden, ¿qué nos dice la metáfora sobre el objeto?

Preguntas del mapa de pensamiento n.º 1, 2 y 3

1 ¿Cuál es la metáfora?

2 ¿Cuál es el objeto de la metáfora?

3 ¿Qué características describen a la metáfora?

 Responde a estas preguntas rellenando esta parte del mapa de pensamiento.

METÁFORA		OBJETO
	→	

CARACTERÍSTICAS

1

2

3

4

5

Preguntas del mapa de pensamiento n.º 4

4 *¿Qué características describen al objeto de la metáfora?*

Responde a esta pregunta rellenando esta parte del mapa de pensamiento.

OBJETO

CARACTERÍSTICAS

1

2

3

4

5

Preguntas del mapa de pensamiento n.º 5 y 6

5 ¿Qué características del objeto y la metáfora son similares

6 ¿Qué nos dice la metáfora sobre el objeto?

 Responde a estas preguntas rellenando esta parte del mapa de pensamiento.

METÁFORA	OBJETO

CARACTERÍSTICAS | **CARACTERÍSTICAS**

1 ⟷ 1

2 ⟷ 2

3 ⟷ 3

4 ⟷ 4

5 ⟷ 5

¿QUÉ NOS DICE LA METAFORA?

SOBRE...

3. Evaluamos

Responde a las siguientes preguntas sobre el trabajo que hemos realizado:

1 ¿Qué nombre recibe esta estrategia?

2 ¿Cuáles son los pasos que hemos dado?

3 ¿Cómo crees que hemos realizado el proceso?

4 ¿Cómo lo harías tú?

IDENTIDAD Y DIGNIDAD PERSONAL

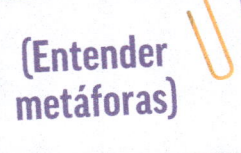

(Entender metáforas)

Las metáforas nos ayudan a comparar cosas que, aún siendo distintas, comparten algún aspecto o característica. En este sentido, utilizar metáforas nos impulsa a ser creativos con el lenguaje que empleamos a la hora de expresar y compartir ideas.

En la lección *Identidad y dignidad personal. Entender metáforas*, intentamos responder a la "¿Qué es mal?", para ello nos acercamos a algunos de los primeros pasajes del libro del Génesis para conocer cómo Adán y Eva establecieron relación con el mal, representando en ese caso con una serpiente.

¿Qué he aprendido en la lección?

1. Comenzamos

En las páginas del Antiguo Testamento de la Biblia podemos encontrar emocionantes historias en las que se nos cuenta la especial relación de Dios con el pueblo de Israel. Dios escogió a ese pueblo, prometiéndole estar a su lado para siempre. Los distintos episodios de esta parte de la Biblia nos muestran cómo Dios guía y protege a Israel, ofreciéndole apoyo y estableciendo una alianza. Por tanto, se trata de una historia de confianza y amor. Sin embargo, nos surge una duda...

- ¿Sabrías reconocer las etapas en las que se desarrolla la relación de alianza entre Dios y el pueblo de Israel? ¿Qué sucedió en cada una de ellas?

 **Conocemos la destreza: Secuenciación**

La secuenciación nos permite organizar información siguiendo unas instrucciónes. Cada paso tiene sentido. Es como armar un rompecabezas que logramos componer con planificación y lógica. Además, esta destreza de pensamiento nos permite identificar los momentos o episodios que componen una historia ofreciéndonos la oportunidad de tener una imagen completa de lo que sucedió.

En otras palabras, la secuenciación supone "poner orden"...

1 En nuestra vida cotidiana, ¿reconoces el uso de algún tipo de secuenciación?

2 ¿Qué tipo de secuencia se utiliza en la lista de tu grupo de clase? ¿En qué crees que se basa?

2. Desarrollamos

 **Construimos un mapa de pensamiento secuenciando la historia del pueblo de israel**

Vamos a practicar esta destreza para reconstruir la historia del pueblo de Israel a partir de los textos sueltos que se encuentran en el ANEXO I, al cual accederemos a través este código QR. Para poder realizar nuestro trabajo, construiremos el mapa de pensamiento a partir de las siguientes preguntas:

www.e-sm.net/205579_03

Preguntas para construir el mapa de pensamiento

1 ¿Cuál es el objetivo de esta secuenciación?

2 ¿Qué tipo de secuencia sirve mejor a este propósito?

3 ¿Qué criterios deben emplearse para ubicar los objetos en este tipo de secuencia?

4 ¿Cómo encaja cada objeto en la secuencia basándonos en estos criterios?

1 ¿Cuál es el objetivo de esta secuenciación?

2 ¿Qué tipo de secuencia sirve mejor a este propósito?

3 ¿Qué criterios deben emplearse para ubicar los objetos en este tipo de secuencia?

OBJETIVO: ¿Cuál es el objetivo de esta secuenciación?

OBJETO: ¿Qué vamos a emplear para realizar esta secuenciación?

¿Qué tipo de secuencia sirve mejor para este propósito?

¿Qué criterios vamos a emplear para ubicar los objetos en este tipo de secuencia?

 Responde a estas preguntas rellenando esta parte del mapa de pensamiento.

TEXTO 1: ¿Cuál es su nombre? →

TEXTO 2: ¿Cuál es su nombre? →

TEXTO 3: ¿Cuál es su nombre? →

TEXTO 4: ¿Cuál es su nombre? →

TEXTO 5: ¿Cuál es su nombre? →

TEXTO 6: ¿Cuál es su nombre? →

TEXTO 7: ¿Cuál es su nombre? →

TEXTO 8: ¿Cuál es su nombre? →

TEXTO 9: ¿Cuál es su nombre? →

4 ¿Cómo encaja cada objeto en la secuencia basándonos en estos criterios?

 Responde a esta pregunta rellenando esta parte del mapa de pensamiento.

LIBRO	Encabezado del texto	Protagonistas	Lugar donde ocurre	Sinopsis/ resumen del texto	Mención a otros pueblos
CRÓNICAS					
ESDRAS					
ÉXODO					
ÉXODO					
GÉNESIS					
JOSUÉ					
LUCAS					
2 REYES					
1 SAMUEL					

Será necesario que empleemos el ANEXO IV, a través del código QR.

www.e-sm.net/205579_03

RESUMIMOS: En función del objetivo que hemos buscado, ¿por qué hemos aplicado este tipo de secuenciación?

TEXTO 1: ¿Cuál es su nombre? →

TEXTO 2: ¿Cuál es su nombre? →

TEXTO 3: ¿Cuál es su nombre? →

TEXTO 4: ¿Cuál es su nombre? →

TEXTO 5: ¿Cuál es su nombre? →

TEXTO 6: ¿Cuál es su nombre? →

TEXTO 7: ¿Cuál es su nombre? →

TEXTO 8: ¿Cuál es su nombre? →

TEXTO 9: ¿Cuál es su nombre? →

3. Evaluamos

Responde a las siguientes preguntas sobre el trabajo que hemos realizado:

1 ¿Qué destreza hemos empleado para realizar nuestro pensamiento?

2 ¿Cómo lo hemos hecho? ¿Qué pasos hemos dado?

3 ¿Crees que hemos realizado el pensamiento de forma adecuada? ¿Por qué?

4 ¿Cómo lo harías la próxima vez?

LA BIBLIA. EL LIBRO DEL PUEBLO DE DIOS I

(Secuenciación)

Cuando secuenciamos, colocamos las cosas en un orden específico, como si estuviéramos siguiendo una línea de tiempo o una serie de pasos. Esta destreza nos puede resultar muy útil, ya que nos puede ayudar a entender y recordar aquello sobre lo que estamos aprendiendo. Cuando aprendemos sobre un tema nuevo, como la historia de un país o los pasos para resolver un problema matemático, secuenciamos la información para entender cómo todas las piezas encajan entre sí.

En la lección *La Biblia, el libro del pueblo de Dios I. Secuenciación*, tuvimos la oportunidad de "bucear" en algunos de los textos de la Biblia en los que se relatan diferentes episodios de la historia del pueblo de Israel, y empleando la destreza de la secuenciación: conseguimos ordenarlos en función de su época basándonos en diferentes características y datos que nos aportaban.

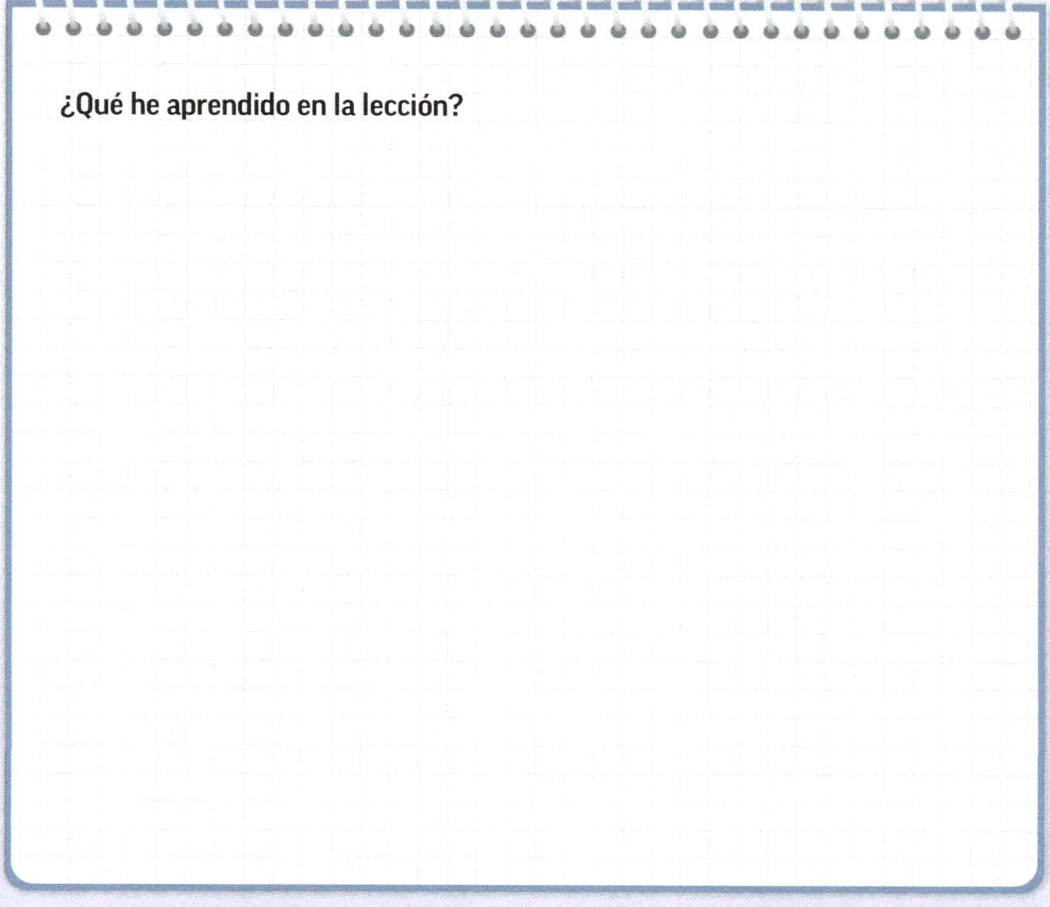

¿Qué he aprendido en la lección?

1. Comenzamos

La lección anterior nos enseñó cómo en la Biblia podemos encontrar el relato de la experiencia del pueblo de Israel y su relación de amistad con Dios. En esta ocasión, daremos un paso más: trataremos de reconocer cuáles son los bloques en los que se agrupan los libros del Antiguo Testamento, y para ello utilizaremos la clasificación descendente, pero ¿en qué consiste esta nueva destreza de pensamiento?

● Imagina que en tu centro educativo se celebra una campaña de recogida de videojuegos para la biblioteca, ¿qué categorías emplearías para organizarlos?

Conocemos la destreza: Entender metáforas

La **clasificación descendente** es una destreza que nos ayuda a organizar cualquier cosa o información en categorías y subcategorías. Por ejemplo, si clasificamos animales, podríamos emplear categorías como "mamíferos", "aves" o "reptiles", y luego aplicaríamos otras subdivisiones, tales como "terrestres" o "acuáticos". En resumen, esta destreza nos permite comprender mejor la información al identificar características, patrones y relaciones entre diferentes elementos.

Retomando la campaña de recogida de videojuegos para nuestro centro:

1 ¿Cómo se puede decidir qué videojuegos son clasificado en una y otra categoría?

2 ¿En que se justifican esas categorías?

3 ¿Para qué creamos esas categorías?

2. Desarrollamos

 **Construimos un mapa de pensamiento clasificando episodios de la historia del pueblo de israel**

Somos un equipo de estudiosos de la Biblia, y tenemos una misión especial: han aparecido diez manuscritos bíblicos, y nuestra tarea consiste en averiguara qué grupo podrían pertenecer. Estos textos los tenemos disponibles en el ANEXO IV a través del código QR. Mientras tanto, una organización de expertos recibirá los resultados de nuestro trabajo e investigará si estos manuscritos pertenecen o no al canon o lista oficial de libros que compone la Biblia.

www.e-sm.net/205579_04

Para poder realizar nuestra misión, trataremos de construir el mapa de pensamiento a partir de las siguientes preguntas:

Preguntas para construir el mapa de pensamiento

1 ¿En qué categoría vamos a clasificar los objetos?

2 ¿Cuáles son las características de los objetos?

3 Basándote en sus características, ¿en qué categorías vas a clasificar los objetos?

Preguntas del mapa de pensamiento n° 1 y 2

1 ¿En qué categoría vamos a clasificar los objetos?

2 ¿Cuáles son las características de los objetos?

 Responde a estas preguntas rellenando esta parte del mapa de pensamiento.

CATEGORÍA 1	CATEGORÍA 2	CATEGORÍA 3

Características	Características	Característica

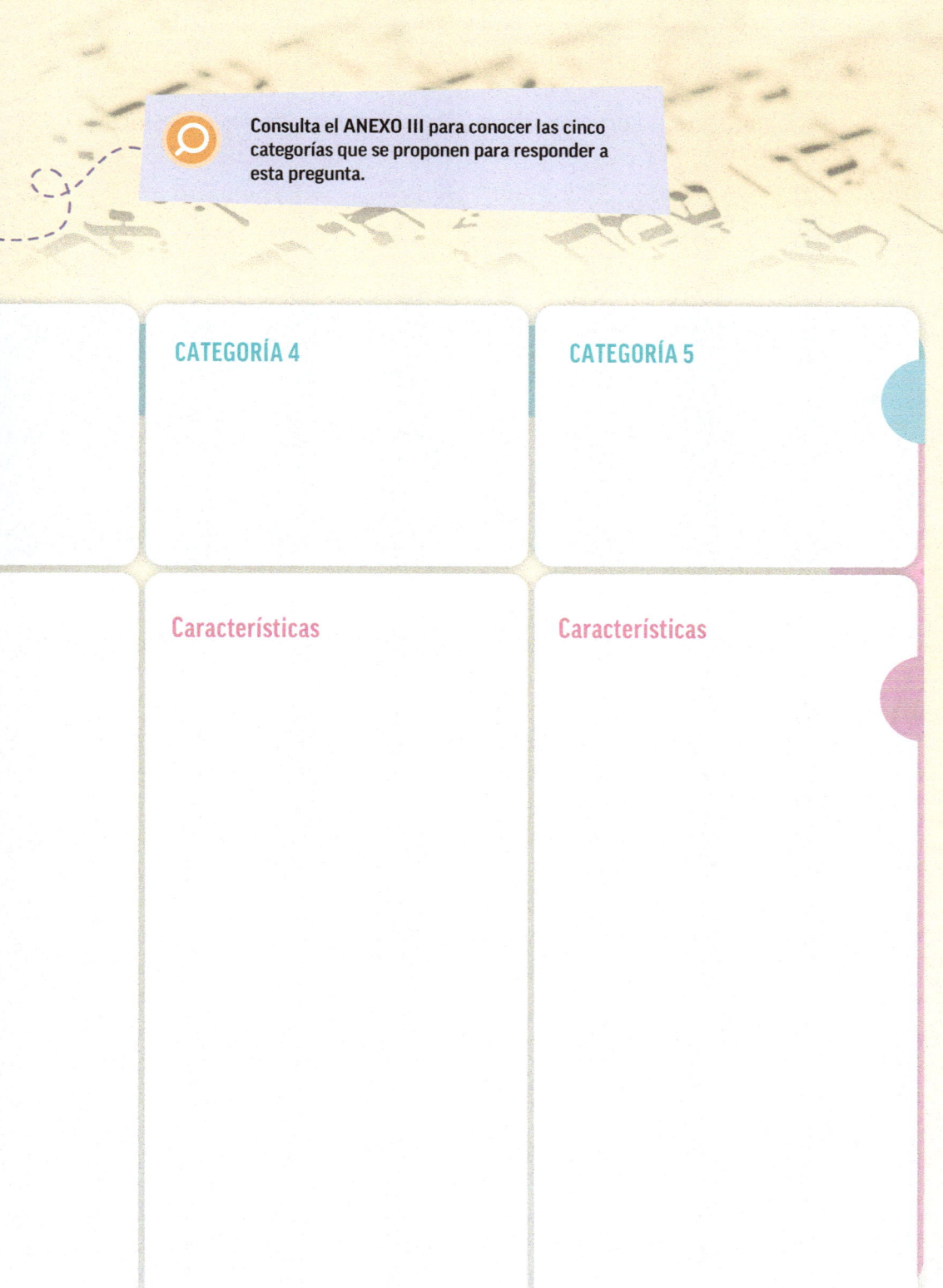

Consulta el **ANEXO III** para conocer las cinco categorías que se proponen para responder a esta pregunta.

CATEGORÍA 4

CATEGORÍA 5

Características

Características

3 Basándote en sus características, ¿en qué categorías vas a clasificar los objetos?

Texto n° 1

Características:

¿Cómo clasificarlo?

Texto n° 2

Características:

¿Cómo clasificarlo?

Texto n° 3

Características:

¿Cómo clasificarlo?

Texto n° 4

Características:

¿Cómo clasificarlo?

Texto n° 5

Características:

¿Cómo clasificarlo?

Responde a esta pregunta rellenando esta parte del mapa de pensamiento.

Texto nº 6 — Características:

¿Cómo clasificarlo?

Texto nº 7 — Características:

¿Cómo clasificarlo?

Texto nº 8 — Características:

¿Cómo clasificarlo?

Texto nº 9 — Características:

¿Cómo clasificarlo?

Texto nº 10 — Características:

¿Cómo clasificarlo?

3. Evaluamos

Responde a las siguientes preguntas sobre el trabajo que hemos realizado:

1 ¿Qué preguntas hemos tenido que contestar para realizar nuestro trabajo?

2 ¿Qué nombre recibe esta estrategia de pensamiento?

3 ¿Cómo se nos ocurrieron las primeras ideas? ¿Te parecen suficientes?

4 ¿Cómo valoras las preguntas del mapa de pensamiento? ¿Por qué?

5 ¿Prefieres otra forma para obtener ideas? ¿Cuál sería?

6 ¿Preferirías pensar a solas desde el principio?

7 ¿Qué opinas sobre tu grupo? ¿Por qué?

8 ¿Algún texto de los trabajados tendría alguna aplicación en tu vida?

9 ¿Cómo podría la Biblia ayudarnos a transformar las realidades negativas de nuestra sociedad?

LA BIBLIA. EL LIBRO DEL PUEBLO DE DIOS II

(Clasificación descendente)

Sin darnos cuenta, establecemos la clasificación de muchas cosas a lo largo del día, desde videojuegos, géneros de libros o estilos de música... Esta destreza también puede resultarnos muy útil a la hora de aprender, ya que no solo nos permite organizar la información, sino también reconocer sus características. En su conjunto, nos ayuda tanto a comprender sino también a familiarizarnos con aquello que tratamos de aprender.

En la lección *La Biblia, el libro del pueblo de Dios II. Clasificación descendente*, descubrimos el modo en el que se organiza el Antiguo Testamento a través de esta destreza de pensamiento, acercándonos a una selección de diez textos cuyas características nos revelaban a qué colección (categoría) podrían pertenecer.

¿Qué he aprendido en la lección?

DIOS PARA NOSOTROS

(Comparar y contrastar)

1. Comenzamos

La manera en que las personas consideran e interpretan a Dios puede variar según sus creencias religiosas y culturales. En diferentes religiones, la divinidad puede ser representada artísticamente de formas variadas y con atributos distintos, como ocurre en el hinduismo, la religión de la antigua Grecia, o la celta. Por ejemplo, la fe cristiana reconoce a Dios en las tres personas de la Santísima Trinidad: Padre, Hijo y Espíritu Santo.

- ¿Qué hacen el Padre y el Hijo en esta imagen?

- ¿Qué lugar ocupa el Espíritu Santo?

En el cristianismo, la imagen de Dios se basa en la revelación de Jesucristo como el creador y salvador, que ofrece perdón, esperanza y guía. A través de sus enseñanzas y acciones; así Jesús mostró el amor incondicional y la compasión de Dios hacia toda la humanidad. Esta visión de Dios como un ser de amor y compasión ayuda a comprender la naturaleza de la Santísima Trinidad.

Conocemos la destreza: Comparar y contrastar

Comparar y contrastar es una destreza que nos facilita a identificar similitudes y diferencias, conduciéndonos a comprender en profundidad aquello que tratamos de aprender. Para practicar esta destreza trataremos de responder a estas preguntas:

1 ¿En qué oraciones cristianas se menciona a las tres personas de la Santísima Trinidad?

2 ¿Sabrías reconocer cuál es el gesto cristiano con el que se hace referencia a la Trinidad?

2. Desarrollamos

 **Construimos un mapa de pensamiento comparando y contrastando**

Hemos sido invitados a un encuentro de jóvenes musulmanes y cristianos en la comunidad de Taizé (Francia). Allí celebraremos la conmemoración de la reunión histórica del papa Francisco con el gran imam Ahmad Al-Tayyib, en 2017).

 **La comunidad de Taizé fue fundada por el hermano Roger poco después de la II Guerra Mundial, con la intención de promover la reconciliación, en encuentro y la paz.**

Nuestro colegio participará con una presentación sobre la fe de ambas religiones, a la que le seguirá un debate. Por tanto, necesitaremos aprender y conocer en profundidad qué dicen tanto la fe del islam como el credo cristiano. Estas preguntas nos ayudarán a construir el mapa de pensamiento:

Preguntas para construir el mapa de pensamiento

1 ¿En qué son similares?

2 ¿En qué se diferencian?

3 ¿Qué semejanzas y diferencias son importantes?

4 ¿Qué grandes ideas se nos ocurren tras analizar las diferencias y similitudes significativas?

5 ¿Qué conclusión podemos alcanzar por estas diferencias y similitudes importantes?

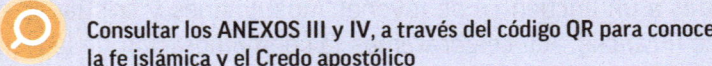

Pregunta para construir el mapa de pensamiento n° 1

1 *¿En qué son similares?*

 Consultar los **ANEXOS III y IV**, a través del código QR para conocer la fe islámica y el Credo apostólico

www.e-sm.net/205579_05

Responde a esta pregunta rellenando esta parte del mapa de pensamiento.

SEMEJANZAS

CREDO CATÓLICO	CREDO ISLÁMICO

2 *¿En qué se diferencian?*

Responde a esta pregunta rellenando esta parte del mapa de pensamiento.

DIFERENCIAS

CREDO CATÓLICO	respecto a...	CREDO ISLÁMICO

Preguntas del mapa de pensamiento n° 3, 4 y 5

3 ¿Qué semejanzas y diferencias son importantes?

4 ¿Qué grandes ideas se nos ocurren tras analizar las diferencias y similitudes significativas?

5 ¿Qué conclusión podemos alcanzar por estas diferencias y similitudes importantes?

SEMEJANZAS IMPORTANTES

DIFERENCIAS IMPORTANTES

G R A N D E S

CONCLUSIÓN

Responde a estas preguntas rellenando esta parte del mapa de pensamiento.

D 414

TAIZÉ

I D E A S

3. Evaluamos

Responde a las siguientes preguntas sobre el trabajo que hemos realizado:

 ¿Qué destreza de pensamiento hemos empleado para realizar nuestro pensamiento?

 ¿Cómo lo hemos hecho? ¿Qué pasos hemos dado?

 ¿Crees que hemos realizado el pensamiento de forma adecuada?

 ¿Cómo lo harías la próxima vez?

DIOS PARA NOSOTROS

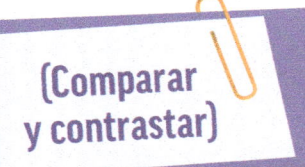

(Comparar y contrastar)

La destreza de comparar y contrastar es útil para entender las diferencias y similitudes entre dos o más cosas. Nos ayuda a analizar información, tomar decisiones y entender conceptos de manera más profunda. Por ejemplo, al comparar y contrastar dos personajes de un libro, podemos entender mejor sus personalidades y roles en la historia. Esta habilidad nos permite pensar de manera más crítica y hacer conexiones significativas entre diferentes ideas.

En la lección *Dios para nosotros. Comparar y contrastar*, no solo pudimos conocer la riqueza y valor de Taizé, sino que también comprendimos mejor la fe cristiana comparándola con las creencias del islam, llegando a una interesante conclusión.

¿Qué he aprendido en la lección?

MIS NOTAS

MIS NOTAS

ÍNDICE

APRENDER CON DESTREZA
LA METODOLOGÍA TBL APLICADA AL ÁREA DE RELIGIÓN CATÓLICA

Ángel Muñoz Álvarez
M.ª Dolores Ballesta García
M.ª del Socorro Fuentes Prieto

Cuaderno de trabajo

2

ESO

Equipo redactor
Ángel Muñoz Álvarez, M.ª Dolores Ballesta García
y M.ª del Socorro Fuentes Prieto

Edición
Carmen Picó Guzmán y Julio S. Johnson

Diseño de interiores y maquetación
Eugenia Pannaría Molina

Diseño de cubierta
Carmen Corrales, Estudio SM

Fotografía
Javier Calbet/Archivo SM; 123RF ; Album ; Getty Images ; iStock ;
Montse Fontich; Shutterstock ; Thinkstock; Archivo SM

Ilustración
Shutterstock; Archivo SM

© 2024, PPC, Editorial y Distribuidora, S.A.
   Parque Empresarial Prado del Espino
   Impresores, 2
   28660 Boadilla del Monte (Madrid)
   ppcedit@ppc-editorial.com
   www.ppc-editorial.es

ISBN: 978-84-288-4132-0
Depósito legal: M-4343-2024

Impreso en España/ *Printed in Spain*